Made in the USA
Coppell, TX
08 December 2022

88307761R00057